真宗からの

# 華厳・天台読本1

## 経典編

北塔　光昇　著

永田文昌堂

# はじめに

　本書は、『浄土真宗本願寺派僧侶教本Ａ』・『浄土真宗本願寺派僧侶教本Ｂ』の副読本として2021年に作成上梓した『真宗からの倶舎・法相読本』の続編です。

　宗祖親鸞聖人は、釈尊が説かれた教えを基にできあがった各宗を二双四重判として整理され、浄土真宗こそ真実の教えであると示されました。その教判で分類された聖道門難行道の大乗顕教のうち、一仏乗の基本的な宗旨に華厳宗と天台宗があげられます。中でも天台宗は、親鸞聖人が20年もの間、学ばれ修行された宗旨です。そのために、多くの真宗僧侶が親鸞聖人の教えを学ぶ基礎学として天台教義を重視してきました。

　加えて、天台宗は平安仏教を代表する宗旨の一つです。そして、華厳宗も奈良仏教を代表する宗旨の一つで、それぞれの総本山は現在まで多くの影響力がある寺院の延暦寺と東大寺です。

　こうしたことから、真宗僧侶が華厳と天台の二大宗旨を深く学ぶことは、これからの伝道布教の上でも非常に重要なことだと思います。

　ただし、どちらの宗旨も真宗僧侶には馴染みの少ない経典を依りどころとして教義が立てられています。しかし、それらの経典は宗祖が学ばれたものであります。当然、それらの経典を知ることなくしては、華厳の教義も天台の教義も理解することは難しいのですが、真宗を正しく理解するためにも学ぶ必要があります。

　さらに、申しますと、ここに挙げた経典群は現代の日本仏教を形作った原点とも言えます。

　そこで、華厳・天台の教義を学ぶ前提としてそれらの経典の内容を真宗との関係をも考えながら概観してみたいと思います。

以上のような理由で、本書は『真宗からの華厳・天台読本１ 経典編』とさせていただきました。教義については、『真宗からの華厳・天台読本２　教義編』を参照なさってくださいますようお願いします。

　なお、改めて申すまでもなく、本書は筆者の力不足から内容的には不十分ですが、少しでも読者のお役に立てられるのであれば、筆者望外の喜びとなります。

　最後に、筆者の理解に間違いがあれば、ぜひともご叱正をお願いします。この拙い解説書が真宗伝道の一助となることを切に願っております。

　なお末筆ながら、校正の労をとってくださった中央仏教学院講師の長岡岳澄先生と、本書の出版を快くお引き受けくださった永田文昌堂様に心よりお礼申し上げます。

　2024年6月1日

著　者

# 目　次

## 付録

# 凡　例

1. 浄土真宗本願寺派の書籍からの引用文については、その書籍名並びにページを文中に記載していますが、その他については記載してはいません。ただし、「おわりに」の章で参照した文献を掲げていますので、それらを参考にしてください。

2. 文中で注目してほしい人名や用語などは出る回数にかぎらず、「」で囲むか、強調文字を使用しています。

3. 漢字は、可能なかぎり常用漢字に置き換えています。

4. 漢字のルビについては、経典を所依とする宗旨により、その経典の伝統的な読み方を用いるように心がけましたが、宗旨や学派によって異なり、さらに現代では異なって読む場合もありますので、一定してはいません。

　例えば、「ん」で終わる漢字の次の漢字の読みは濁音で始まるのが伝統ですが、真宗では、「信心」は「しんじん」、「真心」は「しんしん」と読みます。また、「易行品」は、かつては「いぎょうほん」と読みましたが、現代では「いぎょうぼん」が定着しています。

# 所依の経論

## 一仏乗の経典

　「親鸞聖人」（1173〜1263）は、浄土真宗の教えを「誓願一仏乗（せいがんいちぶつじょう）」の教えと仰せになり、『教行信証』の「行文類」に次のお示しです。

　　　大乗は二乗・三乗あることなし。二乗・三乗は一乗に入らしめんとなり。一乗はすなはち第一義乗なり。ただこれ誓願一仏乗なり
　　　（『浄土真宗聖典　―註釈版　第二版―』、二〇〇四年、本願寺出版社〈『註釈版聖典』と以下略〉、195頁）

　大乗仏教は小乗仏教とは異なり、倶舎宗のように声聞乗・縁覚乗の二乗の教えを説くものではなく、また、法相宗のように声聞乗・縁覚乗・菩薩乗の三乗の教えを説くものでもない。これら二乗や三乗の仮の教えを信じる人を唯一真実の教えである一仏乗に導く教えである。阿弥陀如来の誓願によって仏にさせていただく教えこそがこの真実の教えであるから誓願一仏乗というのである。
　お示しは以上のようなことです。
　この誓願一仏乗である経典は、『大無量寿経』のことです。しかし、誓願一仏乗でなくとも華厳宗と天台宗とはともに、一仏乗の教えを説く宗旨であり、その依りどころとする経典は一仏乗の経典です。

## 華厳宗・天台宗所依の経論

　華厳宗所依の経典は、『華厳経』です。華厳教義は『華厳経』の解釈によって教相判釈し、その宗旨を立てています。それに対し天台宗は、『法華経』を正依の経典としながら、「四経一論」ともいえる四経典と一論で教義を構築し、教相判釈するとともに、「正依法華、傍依梵網」とも呼ばれる大乗戒経をも含めて成り立っています。そのことから、多くの経典を学んでおく必要があります。

　「四経一論」とは、『法華経』・『涅槃経』・『人品般若経』・『菩薩瓔珞本業経』と『大智度論』です。また「傍依梵網」とは『梵網経』の下巻です。

　そこで、これらの経典と論書について、現代仏教学の見方ではなく華厳・天台・真宗の教義を中心とした見方から解説することにします。

　さて、親鸞聖人は、先に掲げた「行文類」の「誓願一仏乗」の御自釈に続いて『涅槃経』と『華厳経』の二つの一乗経典の文を引かれます。この二経は、親鸞聖人も『教行信証』に数多く引用され、天台宗でも重要視される『華厳経』は、華厳宗所依の経典です。そこで、最初に『華厳経』について述べます。なお、漢字の読みは宗旨により異なりますので、ここでのルビは華厳宗の伝統的な読みを参考にして施します。

# 華 厳 宗

## 『華厳経』

　漢訳の『華厳経』は具名を『大方広仏華厳経』といいます。東晋の時代に「仏駄跋陀羅」（356〜429）が翻訳したことから、この『華厳経』を『晋訳』といい、唐の高宗の時代に「法蔵」（643〜712）が欠落した部分を補い六十巻にしたことから『六十華厳』ともいいます。

　その後、則天武后の代に「実叉難陀」（695〜699）が新たなサンスクリット本を基に八十巻に漢訳したので、それを『唐訳』・『八十華厳』・『新訳』とも呼び、『晋訳』は『旧訳』ともいいます。

　以上二経が華厳宗で用いる完本の『華厳経』ですが、漢訳には「般若」が798年に訳した「入法界品」のみの四十巻のものがあり、これも『四十華厳』と呼ばれ『華厳経』とされています。

　『六十華厳』は、八法座が七会所に移りながら、釈尊のさとりの境地と菩薩方の説法が記される三十四の品から成り立っています。それで古来「七処八会」と構成が表現されます。また、『八十華厳』は法座が二度開かれた普光法堂でもう一度開かれ「七処九会」となります。

　煩雑になりますので、『六十華厳』（『晋訳』）各品とその内容を簡略に記しておきます。なお、親鸞聖人は『教行信証』に『晋訳』だけではなく『唐訳』も引用されますので、『唐訳』は『晋訳』の各会各品に合わせて（〈　〉）内に記しておきます。

## 第一会　寂滅道場会

（第一会　菩提道場会〈世主妙厳品・如来現相品・
普賢三昧品・世界成就品・華蔵世界品・
毘盧遮那品〉）

1　世間浄眼品

　　釈尊が、マガダ国の寂滅道場（菩提場）、すなわ
ち菩提樹の下でさとりを開かれたとき、盧舎那仏
（毘盧遮那仏）としての仏身を示され、すべての世
界におられ、すべての人々を知り尽くし、すべての
法座にいることを明かされます。

　　＊これ以降の釈尊は、盧舎那仏と一体化した釈尊
　　です。

2　盧舎那仏品

　　普賢菩薩が十智を説き、盧舎那仏の過去の修行
を明かします。

## 第二会　普光法堂会

（第二会　普光法堂会〈如来名号品・四聖諦品・
光明覚品・菩薩問明品・浄行品・
賢首品〉）

3　如来名号品

　　法座が寂滅道場近くの普光法堂（普光明殿）と

15

いう建物に移り、文殊菩薩が諸仏の名号について説きます。

4　四諦品

文殊菩薩が四諦を説きます。

5　如来光明覚品

釈尊の光明を文殊菩薩が讃嘆します。

6　菩薩明難品

文殊菩薩が九菩薩と十種の法義問答をします。

7　浄行品

文殊菩薩が菩薩の生活について百四十の願を説きます。

8　賢首菩薩品

賢首菩薩が文殊菩薩の問いに答え信心の徳用を明かします。

## 第三会　忉利天宮会

（第三会　忉利天宮会〈昇須弥山頂品・須弥頂上偈讃品・十住品・梵行品・初発心功徳品・明法品〉）

9　仏昇須弥頂品

　　釈尊は寂滅道場と普光法堂を離れずに須弥山頂上に昇り、法座が三十三天（忉利天）の中心にある帝釈天の妙勝殿となります。

10　菩薩雲集妙勝殿上説偈品

　　妙勝殿で法慧菩薩をはじめ十菩薩が讃仏の偈を述べます。

11　菩薩十住品

　　法慧菩薩が菩薩方に十住の階位を説きます。

12　梵行品

　　法慧菩薩が十住の階位を達成する十種の清浄な修行を説きます。

13　初発心菩薩功徳品

　　法慧菩薩が帝釈天に初住の初発心の功徳を説きます。

14　明法品

　　法慧菩薩が精進慧菩薩に十種の修行にそれぞれ十法があることを説きます。

## 第四会　夜摩天宮会

（第四会　夜摩天宮会〈昇夜摩天宮品・
夜摩宮中偈讃品・十行品・十無尽蔵品〉）

### 15　仏昇夜摩天宮自在品

　釈尊は寂滅道場と普光法堂と帝釈天宮を離れず、須弥山の空中上方にある夜摩天の宝荘厳殿に昇ると、夜摩天王が讃仏の偈を述べます。

### 16　夜摩天宮菩薩説偈品

　宝荘厳殿に功徳林菩薩をはじめ十菩薩が十方から集まり、讃仏の偈を述べます。

### 17　功徳華聚菩薩十行品

　功徳林菩薩が菩薩方に十行を説きます。

### 18　菩薩十無尽蔵品

　功徳林菩薩が菩薩方に十蔵無尽の行相を説きます。

## 第五会　兜率天宮会

（第五会　兜率天宮会〈昇兜率天宮品・
兜率宮中偈讃品・十回向品〉）

### 19　如来昇兜率天宮一切宝殿品

　釈尊は今までの法座をすべて離れずに、夜摩天の

上方にある兜率天の一切宝荘厳殿（いっさいほうしょうごんでん）に昇り、兜率天王の供養と讃仏の偈を受けます。

20　兜率天宮菩薩雲集讃仏品（とそつてんぐうぼさつうんしゅうさんぶつぼん）

　一切宝荘厳殿に金剛幢菩薩をはじめ十菩薩が十方から集まり、讃仏の偈を述べます。

21　金剛幢菩薩十回向品（こんごうどうぼさつじゅうえこうぼん）

　金剛幢菩薩が菩薩方に十種の回向を説きます。

## 第六会　他化自在天宮会（たけじざいてんぐうえ）

（第六会　他化自在天宮会〈十地品（じゅっちぼん）〉）

22　十地品

　欲界（よくかい）最上方にある他化自在天の摩尼宝殿（まにほうでん）に法座が移ります。金剛蔵菩薩（こんごうぞうぼさつ）が十地を菩薩方に説き、その行相を明かします。

23　十明品（じゅうみょうぼん）

　普賢菩薩が菩薩方に一切諸法滅定智明（いっさいしょほうめつじょうちみょう）などの十種の智明を説きます。

24　十忍品（じゅうにんぼん）

　普賢菩薩が菩薩方に如虚空忍（にょこくうにん）などの十忍を説きます。

## 25　心王菩薩問阿僧祇品

　　釈尊が心王菩薩の阿僧祇・不可説などの数量についての問いに答えます。

## 26　寿命品

　　心王菩薩が菩薩方に、「釈尊の娑婆世界の一劫は阿弥陀仏の安楽世界の一日一夜に当たり、その安楽世界の一劫を一日一夜とする諸仏の世界が百万阿僧祇もあり、最後の世界の一劫が賢首仏の勝蓮華世界であって、その中に普賢菩薩などの大菩薩方が満ちている」と説きます。

## 27　菩薩住処品

　　心王菩薩が菩薩方に、「東・南・西・北・東北・東南・西南・西北や四大海など多くの地方に多くの菩薩方が居る」と説きます。

## 28　仏不思議法品

　　青蓮華菩薩が蓮華蔵菩薩に、すべての仏に無量無數の清浄な妙住があるとし、その功徳を説きます。

## 29　如来相海品

　　普賢菩薩が菩薩方に、仏に具わった数多くの偉大な人相を説きます。

30　仏小相光明功徳品

　　釈尊が宝手菩薩に仏の光明について説かれます。

31　普賢菩薩行品

　　普賢菩薩が菩薩方に十種の方面よりの行を説きます。

32　宝王如来性起品

　　普賢菩薩が十種の方面より如来性起の法を説きます。この中に、天台宗の「三照」の基になる「華厳四照の譬喩」が出ます。

## 第七会　普光法堂会

（第七会　普光法堂重会〈十定品・十通品・
十忍品・阿僧祇品・寿量品・
諸菩薩住処品・仏不思議法品・
如来十身相海品・如来随好光明功徳品・
普賢行品・如来出現品〉）

33　離世間品

　　法座が再び普光法堂に移ります。普賢菩薩が普慧菩薩の多数の質問に答えます。

（第八会　三重 普光法堂会〈離世間品〉）

# 第八会　逝多林会

（第九会　逝多園林会〈入 法界品〉）

## 34　入法界品

　　法座がマガダ国からコーサラ国へと移ります。首都の舎衛 城 内の祇樹給孤独園（逝多林）にあるすばらしく荘厳された 重 閣講堂での法座です。

　　普賢菩薩と文殊菩薩を代表とする多数の菩薩方が次々と利他行をなすことを明かします。その後、文殊菩薩が善財童子に仏道修行として善知識に会うことを勧め、それによって童子が五十三人の善知識を歴訪し最後に普賢菩薩に出会い、さとりに入ったことが説かれます。

　　以上が、『六十華厳』（『大正新脩大蔵経』〈以下『大正蔵』と略〉 9 巻所収）の構成と概要です。

天　台　宗

## 『法華経』

　天台宗の根本所依の経典である『法華経』について解説します。

　『法華経』には、サンスクリット本も他の漢訳本も残されていますが、ここで扱う『法華経』は「鳩摩羅什」（344〜413、一説に350〜409）訳『妙法蓮華経』（『大正蔵』9巻所収）です。七巻（あるいは八巻）二十八品から成り立っています。

　親鸞聖人は、『涅槃経』と『華厳経』の二経とは異なり『法華経』については、内容に触れての孫引きが、『教行信証』の「信文類」に、

　　　王日休がいはく、「（中略）『法華経』にはいはく、〈弥勒
　　　菩薩の所得の報地なり〉と。　　　　　（『註釈版聖典』、263頁）

と、「証文類」に「曇鸞和尚」（476〜542）の『往生論註』の引文として、

　　　〈応化身を示す〉といふは、『法華経』の普門示現の類のご
　　　ときなり。　　　　　　　　　　　　　（『註釈版聖典』、334頁）

とあるのみで、直接経文を引かれることが一度もありません。それについては古来諸説ありますが、引かれる必要のある経文がなかったのでありましょう。

　すでに記したように、この経典は、二十八品で構成されています。

　天台宗ではこの二十八品を「迹門」と「本門」とに二分し経中に挙げられる七種の譬喩を総称して「法華七喩」といいます。読みは可能な限り天台宗に合わせ、構成も二分すれば次の通りです。各品の概略も合わせて記しておきます。

### 迹門

**1 序品**

　釈尊が王舎城の耆闍崛山で『法華経』を説かれる因縁を明かします。

**2 方便品**

　釈尊が舎利弗に如是相などの「十如是」を説かれます。そして、『法華経』を説くことが「出世の一大事」であると示され、如来が衆生のために説く法とは二乗・三乗ではなく、「一仏乗」のみであると言われます。

**3 譬諭品**

　釈尊が舎利弗の問いに対して種々の因縁や譬喩を用いて法を説くのは、菩薩を教化するためであると答えられます。そして三乗から一仏乗に導くために「火宅三車の喩」が説かれ、『法華経』を説くことが勧められます。

## 4 信解品

　　須菩提・迦旃延・迦葉・目連の四人の阿羅漢が一仏乗の法を聞いて喜び、自らの境遇を「長者窮子の喩」をもって釈尊に示します。その後、迦葉は偈頌で再度このことを詠いますが、その偈の最後に「於一乗道　随宜説三」と、釈尊は衆生の性質や能力などに応じて三乗を説かれたのであると結びます。

## 5 薬草諭品

　　釈尊は迦葉の偈の正しいことを証明するために「薬草の喩」をもって、薬草などを育てるように衆生の宜（都合がよいこと）に随った説法を行ったと述べられます。

## 6 授記品

　　釈尊は、迦葉を摩訶迦葉と呼び、未来において光明如来となり、光徳と名づけられた国の無数の人々が仏法を護ることを預言されます。そこで、須菩提、迦旃延、目連も「受記」を望み、釈尊がそれに応えて彼らにも「授記」をされます。

## 7 化城諭品

　　釈尊は、過去世に東方に大通智勝仏が　現れ無数の梵天王をはじめとする衆生に『法華経』を説かれ、それを広めることを勧められたと説かれます。そし

て、大通智勝仏の十六の弟子で、東方で仏になった
一人が阿閦仏であり、西方の一人が阿弥陀仏であ
ると説き、最後の一人が釈尊自身であると明かされ
ます。

　釈尊は、このように『法華経』を説く因縁を明か
し、三乗は方便であり化城のようなものであるか
ら、真実の宝である一仏乗を聞くべきであると「化
城宝処の喩」をもって示されます。

## 8　五百弟子受記品

　釈尊は、説法第一の富楼那が利他を本願としての
念を持つことに対し、未来に法明如来という仏と
なり、仏土は善浄国と名づくという授記をされます。
この授記を見た千二百の阿羅漢も同様の念を持ちま
す。そこで、これら阿羅漢のうち、憍陳如、優楼
頻螺迦葉、伽耶迦葉、那提迦葉、迦留陀夷、優
陀夷、阿㝹楼駄、離婆多、劫賓那、薄拘羅、周陀、
莎伽陀など五百の阿羅漢に等しく普明如来として
未来に仏となると授記されます。そこで彼らは、過
去に一仏乗という宝珠を衣の裏に繋いでおかれたの
を知らずにいて阿羅漢になっていたが、今仏になる
こと知らされたとする「衣裏繋珠の喩」をもって喜
びを表します。

## 9　授学無学人記品

　先の五百の阿羅漢の受記を見て釈尊の侍者である

阿難と釈尊の子である羅睺羅が、自身の立場より授記を願い出ます。それに呼応して阿羅漢以前で修行の身である有学の人やもう学ぶべきことのない無学の人たち、合わせて二千人も釈尊の前に立ちます。そこで、釈尊は阿難に常立勝幡国で山海慧自在通王如来になるという授記をなされます。また、羅睺羅にも山海慧自在通王如来の長子として生れ、その後に蹈七宝華仏国の蹈七宝華如来となると授記されます。そして、同座の有学・無学の二千人も等しく宝相という名の仏になると授記されます。

## 10 法師品

釈尊は、薬王菩薩によせて八万の菩薩に、『法華経』を聞いて歓喜して受持、読誦、解説、書写し、仏に対するようにこの経巻に香華、衣服、伎楽などを供養し合掌して恭敬すれば、未来に必ず仏になると告げ、授記をなされます。

そして、自身滅後、他の世界にあっても『法華経』説法の法師を派遣すると告げられます。

## 11 見宝塔品

そのとき、釈尊の前に巨大な荘厳された七宝の塔が地面から湧き出て空中に留まります。その塔から釈尊が『法華経』を説かれることを称賛する大声が聞こえます。そこで、大楽説菩薩が塔の現れた理由を釈尊に尋ねますと、遠い昔に東方の宝浄国の

多宝仏が『法華経』が説かれる所にて現れ称賛しようという誓いを立てられて、今、塔の中でおいでであると答えられます。そして、十方の世界で説法しておられる釈尊の分身の仏方をその場に集められ、右指で塔の戸を開かれます。すると、即座に諸仏をはじめとする聴衆が塔の中に入り込みます。そこで多宝仏が座を半分釈尊に譲り二仏が並び座って釈尊が『法華経』を説くことを宣言されます。

## 12 提婆達多品

　提婆達多が過去世において仙人として釈尊の前生である王に『法華経』を説いたことがあるので、未来において天道国で天王如来になるという授記が釈尊から語られ、「提婆達多品」を聞くことが勧められます。

　次いで多宝仏の弟子の智積菩薩と文殊菩薩との間で問答が始まり、『法華経』を聞いた「八歳の龍女の成仏」することが示されます。

## 13 勧持品

　薬王菩薩と大楽説菩薩をはじめ今まで授記をされたものが、『法華経』を説くことを誓います。

　その後、釈尊の姨母である摩訶破闍破提（憍曇弥）が一切衆生喜見如来となり、六千の比丘尼も仏となる授記があります。

　最後に羅睺羅の母、耶輪陀羅も具足千万光相如来

になるとの授記があり、すべての菩薩によって『法華経』の受持が誓言されます。

### 14 安楽行品

　文殊菩薩が『法華経』を説く方法について尋ねます。それに対し釈尊が「四安楽行」と後世に解釈される四法を説かれます。内容は、身業・口業・意業における過ちを避けて悟りを得たとき、自ら衆生を『法華経』に導くことを誓うというものです。そして、転輪王が兵の戦功に褒美を種々与えるが髻の中に隠した宝珠だけは与えなかったように、多くの教えは与えたが、最後に最上の『法華経』を与えるのであるという「髻珠の喩」を説いて釈尊は『法華経』は「諸仏如来の秘密蔵」であると示されます。

## 本門

### 15 従地涌出品

　無数の菩薩が地より涌き出るという前代未聞のことが起こり、それらの菩薩が空中の塔の中の多宝仏と釈尊を五十小劫の時間讃嘆されます。その後同じ時間沈黙が続き、上行・無辺行・浄行・安立行の四菩薩が代表して釈尊に安楽の理由を聞かれます。釈尊は『法華経』を聞くことによると答えます。このできごとを不思議に思った弥勒菩薩がもとからそこにいた菩薩方の代表として涌出の因縁を

尋ねます。すると、釈尊は遠い過去から菩薩方は自分の弟子であったと答えます。そこで、弥勒をはじめとする菩薩方は釈尊が成道してから四十余年しか経たないので、あり得ないことであると反論し、疑いを除くことを求めます。

16 如来寿量品

　釈尊は弥勒菩薩らの疑問に対し、古来「五百塵点の譬」と呼ばれる譬喩をもって、自らは「久遠実成の仏」であり、燃灯仏受記や入涅槃などの仏身はすべて方便であり、『法華経』以前に説いた経典も方便であると明かされます。そのことを、毒に冒されて苦悩している子らを持つ医師がそれぞれの求める色・香り・味の薬を与えて治療するという「良医の喩」をもって示し、釈尊の寿命が無量であると説かれます。

　この久遠実成の釈尊については、親鸞聖人が『浄土和讃』で、

　　弥陀成仏のこのかたは
　　　いまに十劫とときたれど
　　　塵点久遠劫よりも
　　　ひさしき仏とみえたまふ
　　　　　　　　　　（『註釈版聖典』、566頁）

あるいは、

　　　久遠実成阿弥陀仏

　　　　五濁の凡愚をあはれみて

　　　　釈迦牟尼仏としめしてぞ

　　　　迦耶城には応現する　　（『註釈版聖典』、572頁）

と、否定をされます。

## 17　分別功徳品

　釈尊が、仏の寿命が無量であることを説いたことで、無数の衆生が悟りを開くとの利益を説きます。この利益の得ることが説かれたときに釈尊と多宝仏のおられる塔の内外に曼陀羅華が降り注ぎました。その後、釈尊は、自身入滅後に『法華経』を受持、読誦、解説、写経、造塔などをする者には無量の功徳があると説かれます。

## 18　随喜功徳品

　弥勒菩薩が釈尊入滅後に『法華経』を聞く者にどのような福があるかを尋ねます。それに対し釈尊は、聞いて喜ぶ者は来世に帝釈天王や梵天王や転輪王に生まれ変わり、まして、説く者の福は限りないものであると示されます。

## 19　法師功徳品

　釈尊は、常精進菩薩に『法華経』を受持・読誦・解説・書写するなどの者には、八百の眼・鼻・身

と千二百の耳・舌・意の清浄な六根（ろっこん）の功徳が得られ
ると説かれます。

### 20　常不軽菩薩品（じょうふきょうぼさつほん）

　釈尊が得大勢菩薩（とくだいせいぼさつ）に、はるか昔に大成国（だいじょうこく）に威音（いおん）
王仏（のうぶつ）が現れて入滅され、そのまたはるか後にその国
土に同じ名前の仏が次々と二万億現れたが、その最
初の仏の入滅後の像法（ぞうほう）に常不軽菩薩（じょうふきょうぼさつ）が現れたと告
げられます。そして、名の由来は、その菩薩がどの
ように他人に罵声と暴力を受けようとも、それらの
人々が未来に仏となると敬ったからであると語られ
ます。さらに、その菩薩の臨終では空中で先に威音
王仏が説いた『法華経』を聞いて清浄な六根を得、
寿命を二百万億那由多歳まで伸ばして人々に『法華
経』を説いたと伝えられます。

　最後に常不軽菩薩は前世の釈尊であることを明か
されます。

### 21　如来神力品（にょらいじんりきほん）

　釈尊が多宝仏とともに坐す塔から一切の聴衆に対
して大神力を現されます。すると諸天が「釈迦牟尼
仏は大乗経の妙法蓮華、教菩薩法（きょうぼさつほう）、仏所護念（ぶっしょごねん）と名
づける経を説かれたので礼拝し供養すべし」と高唱
します。そこで聴衆が「南無釈迦牟尼仏」と唱え多
くの品々で供養しますと、釈尊は上行菩薩らに入滅
後にも『法華経』を受持・読誦・解説・書写・造塔

などを行うように勧められます。

## 22　嘱累品

　釈尊が菩薩方に『法華経』を嘱累（付属）され、最後に、十方から来られた分身の仏方に本土に還るように指示されます。

## 23　薬王菩薩本事品

　宿王華菩薩は、薬王菩薩が娑婆世界でどのように衆生済度されたのかを釈尊に尋ねます。それに対し、釈尊は、薬王菩薩がはるか昔に一切衆生喜見菩薩として日月浄明徳仏から『法華経』を聞き、仏と経とを供養するために身を千二百歳燃やし尽くし、再び誕生してさらに日月浄明徳仏に供養した話をされます。そして、日月浄明徳仏が入滅された後も両腕を燃やすことに七万二千歳もかけ供養としたと仰せになり、『法華経』受持などの功徳の大きいことを説かれます。なお、この品には釈尊滅後五百年中に、女性が『法華経』を聞いて修行すれば、死後に阿弥陀仏の安楽世界の大菩薩の住処で、蓮華の宝座に生じると説かれています。

## 24　妙音菩薩品

　釈尊が光を放ち東方の浄華宿王智仏の浄光荘厳国を照らすと多くの三昧を得た妙音菩薩がいて、釈尊の耆闍崛山の法座に八万四千の蓮華を現しまし

た。そこで、釈尊に文殊菩薩がその理由を尋ねます
と、釈尊の『法華経』を説く場に妙音菩薩が来たい
からであるとお答えになります。そこで、多宝仏が
妙音菩薩を呼び寄せます。その後、釈尊は華徳菩薩
に、妙音菩薩が三十の身に姿を変えて娑婆世界で『法
華経』を説くことを伝えられます。そして、この品
の最後に華徳菩薩が法華三昧を得たと記されます。

## 25 観世音菩薩普門品

釈尊と多宝仏塔の場で観世音菩薩とともに聴衆と
しておられる無尽意菩薩が、観世音の名の由来とは
たらきについて釈尊に尋ねられます。

それに対し釈尊は、苦悩の衆生が「南無観世音菩
薩」と称えれば、その音声を観じた観世音菩薩が
三十三の姿に身を変えてその衆生を解脱させるとお
答えになります。

ちなみにこの品は、古来『観音経』として独立
し世間に広まっています。

なお、すでに述べたように、親鸞聖人は、『教行
信証』「証文類」に『往生論註』を引かれますが、
その中に「『法華経』の普門示現の類のごときなり」
(『註釈版聖典』、334頁)の文があります。

## 26 陀羅尼品

薬王菩薩、勇施菩薩・毘沙門天王・持国天王・十
の羅刹女がそれぞれ、『法華経』の説法師に梵語発

音の陀羅尼呪を与えて守護することを釈尊に誓います。

## 27　妙荘厳王本事品

　はるか昔に、光明荘厳国の雲雷音宿王華智仏がその国の妙荘厳王を導こうとして『法華経』を説かれたと釈尊が聴衆に話されます。ただし、王は外道を信じています。しかし、その王に浄蔵と浄眼の二王子がいて母の浄徳夫人に父のところで『法華経』を聞きたいと願い出ます。父王を知る母はそれを許しません。そして神通力で空中に浮かぶなどのことを求め、それができれば可能であろうと言います。そこで二王子がそれらを行い、父王がそれを見て王子らに師を尋ねると、雲雷音宿王華智仏が師であると答えますので、ともに仏のところへ行こうと言います。その後空中から降りた二王子は、出家したいと許可を母に求め、母はそれを許します。やがて、雲雷音宿王華智仏のもとで、二王子が父王の善知識であったことが明かされます。

　これらの話を終えて釈尊は、妙荘厳王は今の華徳菩薩であり、夫人は荘厳相の菩薩、二王子は薬王菩薩と薬上菩薩であると明かされます。

## 28　普賢菩薩勧発品

　普賢菩薩が東方より釈尊のみもとに来られて、釈尊入滅後に人々がどのようにすれば、『法華経』を得られるのかを尋ねます。それに対し、釈尊は四法

を示します。

①　諸仏に護念せられることを得る

②　諸々の徳本を植える

③　正定聚に入る

④　一切衆生を救う心を発す

このお示しを受け、普賢菩薩は『法華経』を受持する者を守護することを誓い、守護の陀羅尼呪を与えると述べます。

最後に、釈尊は『法華経』を聞く人は釈迦牟尼仏を供養することになると告げられ、仏同等にこの経を敬うべしと勧められ、聴衆はその場を去ります。


以上、各品の概要を記しましたが、「法華七喩」のうち、「火宅三車の喩」と「長者窮子の喩」は、非常に有名なものです。ただし、とても長い話であり、『法華経』の構成を学ぶのに、その内容をあげるのは障害になります。そこで、本書の最後に付録として経文の訓読をあげておきます。

なお、『法華経』に対する真宗の一般的な評価は、「浄土三部経」を「真実の教」とし、他の経典を「方便の教」とします。本願寺第三代宗主「覚如上人」（1270〜1351）の『口伝鈔』には次のように記されています。


いまの三経をもつて末世造悪の凡機に説ききかせ、聖道の諸教をもつてはその序分とすること、光明寺の処々の御釈に歴然たり。ここをもつて諸仏出世の本意とし、衆生得脱の本源とする条、あきらかなり。いかにいはんや諸宗

出世の本懐とゆるす『法華』において、いまの浄土教は同味の教なり。『法華』の説時八箇年中に、王宮に五逆発現のあひだ、このときにあたりて霊鷲山の会座を没して王宮に降臨して、他力を説かれしゆゑなり。これらみな海徳以来乃至釈迦一代の出世の元意、弥陀の一教をもつて本とせらるる大都なり。　　　　　　（『註釈版聖典』、901頁）

## 『涅槃経』

　大乗の『涅槃経』は、具名を『大般涅槃経』といいます。ここで取り上げるのは、北涼の「曇無讖」（385〜433）訳の四十巻本です。

　なお、この本を南宋の「慧厳」（353〜433）等が、異訳の東晋の「法顕」（生没年不詳）訳『仏説大般泥洹経』六巻本の品（章）に合わせて文章段落を配置し直し三十六巻としました。そこで、四十巻本と三十六巻本とは経題・内容が同じものですので、曇無讖訳を『北本涅槃経』と呼び、慧厳等編を『南本涅槃経』と呼びます。

　この『大般涅槃経』を天台宗では、『大経』ともいいますが、真宗での『大経』と言えば『大無量寿経』です。間違えないようにしましょう。

　ここでは、品数の少ない『北本涅槃経』の各品とその内容を簡単に記しておきます。なお、『註釈版聖典』では、出拠の註記が『南本涅槃経』の品名ですので、『南本涅槃経』の各品を（　　）内に分配しておきます。

### 1　寿命品（序品・純陀品・哀歎品・長寿品）

　釈尊が拘尸那国の力士（マツラ族）の故郷にある阿利羅跋提河のほとり娑羅双樹の間におられ、非常に多くの比丘に囲まれていました。時は二月十五日朝、涅槃に臨んで大声で、「これから涅槃に入るので最後の答えになるから、疑問のあるものは問いな

　さい」と仰せになります。

　そこで、釈尊を崇める人々や神々、菩薩方があらゆる世界から集まり、釈尊に供養を申し出ますが、それを受けられませんでした。ところが、信者の純陀が現れますと、彼の供養を受けることを承知されたのでした。

　そして、釈尊によって涅槃に入ることは方便であり、如来の身が常住であると告げられ、聴衆に戒律に対する質問がうながされます。それに応じて、多羅という集落出身の迦葉菩薩が釈尊の長寿について尋ねます。

## 2　金剛身品（金剛身品）

　釈尊が迦葉菩薩に長寿の説明をされ、如来の身とは肉身を指すのではなく、金剛不壊の常住の身、すなわち法身なのであると説かれます。

## 3　名字功徳品（名字功徳品）

　釈尊が迦葉菩薩の問いに答えて、この経典を「大般涅槃」と名づけ、すべての経典の中で最もすぐれたものであるから学ぶべきと勧められます。

## 4　如来性品（四相品・四依品・邪正品・四諦品・四倒品・如来性品・文字品・鳥喩品・月喩品・菩薩品）

　釈尊が迦葉菩薩に「自らを正す」・「他を正す」・「問いに答える」・「因縁の義を知る」という「四相」を

説かれ、迦葉菩薩の問いの中で肉食を断つことが示されます。その理由として「肉を食する者は大慈の種を断ず」とされます。

また、涅槃が「無上 上（むじょうじょう）」であり、「真解脱（しんげだつ）」であり、如来であると示されます。

ちなみに、親鸞聖人は『教行信証』「真仏土文類（しんぶつどもんるい）」（『註釈版聖典』、342頁）にこの涅槃についての箇所を引用されます。

その後、釈尊は迦葉に真の僧は「四依（しえ）」によるべきと答えられます。その四依とは、

①法に依りて人に依らず

②義に依りて語に依らず

③智に依りて識に依らず

④了義経（りょうぎきょう）に依りて不了義経に依らず

の四種であり、法すなわち了義経とは『大般涅槃経』であり、義とは常住、智とは「一切衆生悉有仏性（いっさいしゅじょうしつうぶっしょう）」（一切衆生に仏性（ぶっしょう）があること）を了（さと）ることであると説かれます。

関連して言えば、四依については親鸞聖人が『教行信証』「化身土文類（けしんどもんるい）」（『註釈版聖典』、414頁）に『大智度論（だいちどろん）』を引用して示されています。

その後、仏性に関わることが説かれ、成仏することができないとされる一闡提（いっせんだい）についても詳しく説かれます。

## 5 一切大衆所問品（一切大衆所問品）

　釈尊は純陀が持参した食べものを受けられ、一闡提への質問に答えた後、病に倒れられます。

## 6 現病品（現病品）

　釈尊は、病に倒れたことへの迦葉菩薩の問いに答えられる中で、「難治の三病」について「一に謗大乗、二に五逆罪、三に一闡提」と説かれます。

　これを親鸞聖人は、『教行信証』「信文類」（『註釈版聖典』、295頁）に「難化の三機」（五逆・謗法・一闡提）と示されます。

## 7 聖行品（聖行品）

　釈尊は、迦葉菩薩に聖行・梵行・天行・嬰児行・病行の五行と『大般涅槃経』を説く如来行のあることを説かれます。

　また、この品には天台宗の教判の基になった「五味の譬喩」が出ています。さらに後の品にも五味が喩として用いられます。

## 8 梵行品（梵行品）

　釈尊が梵行について説かれます。

　親鸞聖人は、『教行信証』「信文類」（『註釈版聖典』、277〜290頁）にこの品で阿闍世王の救いが説かれる一段を引かれます。

9　嬰児行品（嬰児行品）

　　生まれたばかりの嬰児に喩えられる如来の無分別
である本質が説かれます。

10　光明遍照高貴徳王菩薩品
（光明遍照高貴徳王菩薩品）

　　釈尊が光明遍照高貴徳王菩薩に大涅槃経による修
行の十種の功徳を説かれます。

11　師子吼菩薩品（師子吼菩薩品）

　　釈尊が師子吼菩薩に仏性について詳細な説明をさ
れます。

12　迦葉菩薩品（迦葉菩薩品）

　　釈尊が迦葉菩薩の一闡提成仏などの質問に対して
答えられます。

13　憍陳如品（憍陳如品）

　　釈尊が最初の仏弟子である憍陳如（了本際）に、
仏法を離れては沙門・婆羅門の法はないと説きます。
それに憤慨した婆羅門などの多くの外道が論難をあ
びせます。釈尊はそれらをすべて論破されます。そ
して、釈尊は、最後に阿難を呼ばれ、須跋陀という
外道を招くように命じます。そして非想非非想処の
境地にあった須跋陀を阿羅漢果へと導き『大般涅槃

経』が終わります。

　　以上が、『涅槃経』（『大正蔵』12巻所収）の構成と内容です。

## 『大品般若経』・『大智度論』

　『大品般若経』は、『法華経』同様に、サンスクリット本も他
の漢訳本も残され、さらにチベット本もあります。ただし、こ
こで扱う経典は、天台宗で所依の「鳩摩羅什」訳『摩訶般若
波羅蜜経』（『大正蔵』8巻所収）で二十七巻九十品から成り
立ち、略名が『大品般若経』・『大品般若』・『大品経』・『大般
若経』です。

　この経典の文句を逐次解説し、「摩訶」を「大」、「般若」を
「智」、「波羅蜜」を「度」と意訳したものが、鳩摩羅什訳「龍
樹菩薩」（150〜250頃）造『大智度論』（『大正蔵』25巻所収）
百巻です。ただし、龍樹菩薩造については現代では疑いが持た
れていますが、それは天台教義や真宗教義に関わりないことで
す。『大智度論』は異名も多く、略名も、『摩訶般若釈論』・『大
智釈論』・『大智論』・『智度論』・『智度』・『智論』・『釈論』・『大
論』など非常に多くあります。解説文や語彙解説は多岐にわた
るところから、古来仏教の百科事典のように扱われてきました。

　親鸞聖人も『教行信証』「化身土文類」に「『大論』に四依を
釈していはく」（『註釈版聖典』、414〜415頁）以下の文を引か
れています。

　なお、両書はあまりに大部なため、本章では『大品経』九十
品の品名のみをあげ、それぞれの内容は省きます。

1 序<sub>じょ</sub>品<sub>ほん</sub>

2 奉<sub>ぶ</sub>鉢<sub>はつ</sub>品<sub>ほん</sub>

3 習<sub>しゅう</sub>応<sub>おう</sub>品<sub>ほん</sub>

4 往<sub>おう</sub>生<sub>じょう</sub>品<sub>ほん</sub>

5 歎<sub>たん</sub>度<sub>ど</sub>品<sub>ほん</sub>

6 舌<sub>ぜっ</sub>相<sub>そう</sub>品<sub>ほん</sub>

7 三<sub>さん</sub>仮<sub>げ</sub>品<sub>ほん</sub>

8 勧<sub>かん</sub>学<sub>がく</sub>品<sub>ほん</sub>

9 集<sub>しゅう</sub>散<sub>さん</sub>品<sub>ほん</sub>

10 相<sub>そう</sub>行<sub>ぎょう</sub>品<sub>ほん</sub>

11 幻<sub>げん</sub>学<sub>がく</sub>品<sub>ほん</sub>

12 句<sub>く</sub>義<sub>ぎ</sub>品<sub>ほん</sub>

13 金<sub>こん</sub>剛<sub>ごう</sub>品<sub>ほん</sub>

27 <ruby>問<rt>もん</rt></ruby><ruby>住<rt>じゅう</rt></ruby><ruby>品<rt>ほん</rt></ruby>

28 <ruby>幻<rt>げん</rt></ruby><ruby>聴<rt>じょう</rt></ruby><ruby>品<rt>ほん</rt></ruby>

29 <ruby>散<rt>さん</rt></ruby><ruby>花<rt>げ</rt></ruby><ruby>品<rt>ほん</rt></ruby>

30 <ruby>三<rt>さん</rt></ruby><ruby>歎<rt>だん</rt></ruby><ruby>品<rt>ぼん</rt></ruby>

31 <ruby>滅<rt>めつ</rt></ruby><ruby>諍<rt>じょう</rt></ruby><ruby>品<rt>ほん</rt></ruby>

32 <ruby>大<rt>だい</rt></ruby><ruby>明<rt>みょう</rt></ruby><ruby>品<rt>ほん</rt></ruby>

33 <ruby>述<rt>じゅつ</rt></ruby><ruby>成<rt>じょう</rt></ruby><ruby>品<rt>ほん</rt></ruby>

34 <ruby>勧<rt>かん</rt></ruby><ruby>持<rt>じ</rt></ruby><ruby>品<rt>ほん</rt></ruby>

35 <ruby>遣<rt>けん</rt></ruby><ruby>異<rt>い</rt></ruby><ruby>品<rt>ほん</rt></ruby>

36 <ruby>尊<rt>そん</rt></ruby><ruby>導<rt>どう</rt></ruby><ruby>品<rt>ほん</rt></ruby>

37 <ruby>法<rt>ほう</rt></ruby><ruby>称<rt>しょう</rt></ruby><ruby>品<rt>ほん</rt></ruby>

38 <ruby>法<rt>ほう</rt></ruby><ruby>施<rt>せ</rt></ruby><ruby>品<rt>ほん</rt></ruby>

39 <ruby>随<rt>ずい</rt></ruby><ruby>喜<rt>き</rt></ruby><ruby>品<rt>ほん</rt></ruby>

　すでに『大論』は、仏教における百科事典的な内容であると
述べましたが、特に『大品経』の序品の解説が非常に詳細であ

り、各宗の基礎的用語理解に影響を与える内容となっています。

　一例をあげれば、真宗では、「天親菩薩」、（400〜480頃）の『浄土論』偈頌「世尊我一心」の「我」について曇鸞和尚の『往生論註』（『註釈版七祖篇』52頁参照）をもって解説しますが、その理論の根拠は、『大論』における『大品経』の「如是我聞」の「我」にあります。論文をあげておきます。

> 世界の語言に三の根本有り。一は邪見。二は慢。三は名字なり。是の中の二種は不浄とし一種を浄とす。一切の凡人には三種の語あり。邪と慢と名字なり。見道の学人には二種の語あり。慢と名字なり。諸の聖人は一種の語にて名字なり。内心は実法に違はずと雖も、而も世界の人に随ふ故に、共に是の語にて伝ふ。世界の邪見を除くが故に、俗に随ひて諍い無し。是を以ての故に二種の不浄の語の本を除き、世に随ふが故に一種の語を用ふ。仏弟子は、俗に随ふが故に、我と説きて咎有ること無し。

（『大正蔵』25巻、64頁）

　この例をもって、両書の内容を総じて言いますと、『大品経』は、「諸法空」、すなわち「すべての存在は空である」と説きますが、『大論』は、その「般若の空」を前提として現実存在を認識していくことを説いているのです。つまり、「内心は実法に違はずと雖も、而も世界の人に随ふ故に」ということが『大論』の立場なのであると考えられます。

　なお『大論』には、阿弥陀仏に関する記述も多く見受けられることも付記しておきます。

## 『菩薩瓔珞本業経』

「竺仏念」訳『菩薩瓔珞本業経』（『大正蔵』24巻所収）は、漢訳のみであり、姚秦の建元十二年から十四年（376〜378）にかけて翻訳されたと伝えられます。略名は、『菩薩瓔珞経』・『菩薩本業経』・『瓔珞本業経』・『瓔珞経』・『本業経』などです。親鸞聖人は『教行信証』「化身土文類」に、「道綽禅師」（562〜645）の『安楽集』にある、

『菩薩瓔珞経』によりて、つぶさに入道行位を弁ずるに、法爾なるがゆゑに難行道と名づく

（『註釈版聖典』、415頁）

という文と、「善導大師」（613〜681）の『般舟讃』に『瓔珞経』とある記述を「行文類」（『註釈版聖典』、198頁）と『愚禿鈔』（『註釈版聖典』、507頁）上巻に孫引きされています。

なお、仏教史上でこの経典に最初に注目された人物が天台宗第三祖天台大師「智顗」（538〜597）です。それは、天台教義の中心部分がこの経典によって形作られているからです。

『瓔珞経』の全体は上下二巻全八品から構成されています。

### 上巻

1　集衆品

釈尊が、マガダ国の菩提樹下に成道後再び戻られ

光明を放たれます。そこで、多数の菩薩方が、「仏の本業瓔珞の行位（ぎょうい）である十住（じゅうじゅう）・十行（じゅうぎょう）・十回向（こう）（じゅうえ）・十地（じゅうじ）・無垢地（むくじ）・妙覚地（みょうがくじ）を私たちにお説きください」と申し出ます。

## 2　賢聖名字品（げんじょうみょうじほん）

釈尊は敬首菩薩（きょうしゅぼさつ）の問いに対する先の四十二位（しじゅうにい）の名称を述べ、さらに初発心住（しょほっしんじゅう）に入る前の十心（じっしん）（十信（じっしん））の名称も明かされます。ここでの経文が、天台宗での五十二位説の根拠になります。その後に、十種の不可悔戒（ふかけかい）（十無尽戒（じゅうむじんかい））が説かれます。この戒は内容的には『梵網経』の十重禁戒（じゅうじゅうきんかい）と同じものです。

## 3　賢聖学観品（げんじょうがっかんぼん）

釈尊は、敬首菩薩の問いに対して、習種性（しゅうしゅしょう）・性種性（しょうしゅしょう）・道種性（どうしゅしょう）・聖種性（しょうしゅしょう）・等覚性（とうがくしょう）・妙覚性（みょうがくしょう）の六種性（ろくしゅしょう）（六入法門（ろくにゅうほうもん））などの菩薩の義相を詳細に説かれます。

そして、天台教義の三観（さんがん）、すなわち従仮入空（じゅげにっくう）（空観（くうかん））・従空入仮（じゅうぐうにっけ）（仮観（けかん））・中道第一義諦観（ちゅうどうだいいちぎたいかん）（中観（ちゅうがん））が説かれ、さらに法身についても説かれます。

## 下巻

### 4 釈義品

　釈尊は敬首菩薩に対して、さらに菩薩の義相である四十二位の一々の内容を説かれます。

### 5 仏母品

　釈尊は敬首菩薩の問いに対して、有諦（世諦）・無諦・中道第一義諦の三諦を菩薩の智母であるとし、世諦の「有」と無諦の「空」との関係が不一不二であると説かれます。

### 6 因果品

　敬首菩薩の問いに対し、釈尊は諸仏の法性の体という果は、十般若波羅蜜の因によると説きます。そして施には、財施・法施・無畏施があり、戒には、自性戒（摂律儀戒）・受善法戒（摂善法戒）・利益衆生戒（摂衆生戒）の三聚浄戒があるなどと十の波羅蜜の三縁を具体的に説かれます。

### 7 大衆受学品

　敬首菩薩が、釈尊にどのようにして菩薩の位に入るのかを尋ねます。そこで、釈尊は十方の諸仏と菩薩方を集められ、その問いに答えられます。
　まずは、三宝海に入る「信」を本として、仏教徒

であるためには「戒」を本とすべきであると告げられ、三聚浄戒・十無尽戒などの菩薩戒を受けることを勧められます。次いで、すでに説かれた三観も再度説かれ、最後に『華厳経』の七処の法座に集った聴衆たちがそれぞれ六入法門に入れていたことを明かされます。

8 集散品

釈尊が、その座の敬首菩薩をはじめとする大衆・菩薩方に『瓔珞経』を受持、伝えるように指示され、それを承け皆が去って行きます。

以上が、『瓔珞経』の各品の概要です。

最後に、日本天台宗の開祖である伝教大師「最澄」(767〜822) が、

十重四十八軽戒、以て大乗の大僧戒と為すは、梵網経に説く所なり  (『大正蔵』74巻、604頁)

と『顕戒論』に記した『梵網経』をあげます。

## 『梵網経』

　鳩摩羅什訳『梵網経』（『大正蔵』24巻所収）二巻は、正しくは、『梵網経盧舎那仏説菩薩心地戒品第十』といい、別名に『梵網菩薩戒経』・『菩薩戒経』・『菩薩戒本』と呼ばれています。サンスクリット本の原典はありません。

　親鸞聖人は、『教行信証』「化身土文類」に、『梵網経』下巻の四十八軽戒の第四十揀択受戒戒の一部を次のように引用されています。

　　　『菩薩戒経』にのたまはく、「出家の人の法は、国王に向かひて礼拝せず、父母に向かひて礼拝せず、六親に務へず、鬼神を礼せず」と。
　　　　　　　　　　　　　　　　　　　　（『註釈版聖典』、454頁）

　さて、鳩摩羅什の弟子である「僧肇」（384〜414頃）の「序」によると、『梵網経』は一百二十巻六十一品あったが、菩薩戒を受けた人々が合議し、今の「菩薩心地品第十」を写して世に流通させたとします。

　上巻は『華厳経』や『瓔珞経』と内容的に近く、古来『華厳経』の結経とされます。また、下巻は菩薩の十重戒と四十八軽戒が説かれています。

　この戒は、一心金剛戒とも呼ばれますが、伝教大師から次第相承して「法然房源空聖人」（1133〜1212）へと授けられました。

親鸞聖人はそのことを『高僧和讃』に、

　　源空智行の至極には
　　　聖道諸宗の師主も
　　みなもろともに帰せしめて
　　一心金剛の戒師とす　　　　　　（『註釈版聖典』、596頁）

と詠われます。
　『梵網経』の内容は次の通りです。

## 上巻

　　釈尊が、色界の最高所である第四禅天の摩醯首羅天王
宮で大梵天王をはじめとする無量の菩薩方のために、盧
舎那仏所説の心地法門を説かれようとしたとき、釈尊の
身から光が放たれ蓮華台蔵世界に至って、ついには無数
の釈迦の本身である盧舎那仏が顕現します。その後は、
釈尊の問いに対して盧舎那仏が直説にて菩薩の階位につ
いて説かれます。

## 下巻

　　釈尊が盧舎那仏所説の大乗戒・金剛宝戒、すなわち十
重戒（十波羅提木叉・十重禁戒）と四十八軽戒を説か
れます。次にそれぞれを挙げておきます。なお、各戒の
名称は、天台大師智顗の『菩薩戒義疏』に依ります。

# 十重戒

### 1　殺戒

　若し自ら殺し、人を教へて殺さしめ、方便して殺を讃歎し、見て随喜を作し、乃至、呪して殺さば、殺の因・殺の縁・殺の法・殺の業あり。乃至、一切の命有る者を故らに殺すことを得ざれ。是れ菩薩は、応に常住の慈悲心・孝順心を起して、方便して一切衆生を救護すべし。而るに自ら恣に心の快き意にて殺生せば、是れ菩薩の波羅夷罪なり

（『大正蔵』24巻、1004頁）

### 2　盗戒

　自ら盗み、人を教へて盗ましめ、方便して盗まば、盗の因・盗の縁・盗の法・盗の業あり。呪して盗む、乃至、鬼神・有主・劫賊の物、一切の財物、一針一草も故らに盗むことを得ざれ。而て菩薩は、応に仏性の孝順慈悲心を生じて、常に一切の人を助け福を生じ楽を生ぜしむべし。而るに反て更に人の財物を盗まば、是れ菩薩の波羅夷罪なり

（『大正蔵』24巻、1004頁）

### 3　婬戒

　自ら婬し、人を教へて婬せしめ、乃至、一切の女人を故らに婬することを得ざれ。婬の因・婬の縁・

婬の法・婬の業あり。乃至、畜生の女・諸天鬼神の女、及び非道なる行の婬をや。而て菩薩は、応に孝順心を生じて、一切の衆生を救度し浄き法を人に与ふべし。而るに反て更に一切の人に婬を起し、畜生、乃至、母・女・姉・妹・六親を択ばず、婬を行じて慈悲心の無きは、是れ菩薩の波羅夷罪なり

（『大正蔵』24巻、1004頁）

## 4 妄語戒

自ら妄語し、人を教へて妄語せしめ、方便して妄語せば、妄語の因・妄語の縁・妄語の法・妄語の業あり。乃至、見ざるを見たりと言い、見たるを見ざると言ふ。身心に妄語す。而て菩薩は、常に正語・正見を生じ、亦た一切の衆生に正語・正見を生ぜしむ。而るに反て更に一切の衆生に邪語・邪見・邪業を起さしめば、是れ菩薩の波羅夷罪なり

（『大正蔵』24巻、1004頁）

## 5 酤酒戒

自ら酒を酤り、人を教へて酒を酤らしめば、酤酒の因・酤酒の縁・酤酒の法・酤酒の業あり。一切の酒は酤ることを得ざれ。是れ酒は罪を起す因縁なり。而て菩薩は応に一切の衆生に明達の慧を生ぜしむべし。而るに反て更に一切の衆生に顚倒の心を生ぜしめば、是れ菩薩の波羅夷罪なり

（『大正蔵』24巻、1004頁）

## 6 説四衆過戒

　　自ら出家・在家の菩薩、比丘・比丘尼の罪過を説き人を教へて罪過を説かしめば、罪過の因・罪過の縁・罪過の法・罪過の業あり。而て菩薩は、外道の悪人、及び二乗の悪人の、仏法の中の非法・非律を説くことを聞きて、常に悲心を生じて是の悪人の輩を教化して、大乗の善信を生ぜしむ。而るに菩薩は反て更に自ら仏法の中の罪過を説かば、是れ菩薩の波羅夷罪なり　　（『大正蔵』24巻、1004頁）

## 7 自讃毀他戒

　　自ら讃め他を毀り、亦た人を教へて自ら讃め他を毀らしむれば、毀他の因・毀他の縁・毀他の法・毀他の業あり。而て菩薩は、応に一切の衆生に代りて、毀りと辱めを加ふることを受け、悪しき事を自ら己に向けて好き事を他人に与ふべし。若し自ら己の徳を揚げて他人の好き事を隠し、他人をして毀りを受けしむれば、是れ菩薩の波羅夷罪なり

（『大正蔵』24巻、1004頁）

## 8 慳惜加毀戒

　　自ら慳しみ人を教へて慳しましむれば、慳の因・慳の縁・慳の法・慳の業あり。　而て菩薩は、一切の貧窮の人の乞ふ者の来たることを見て、前の人の須むる所に随ひて一切を給与す。而るに菩薩は悪し

き心・瞋る心を以て、乃至、一銭・一針・一草をも施さず。法を求むる者有らんに、一句・一偈・一微塵許りの法も説くことを為さず。而て反て更に罵り辱むれば、是れ菩薩の波羅夷罪なり

（『大正蔵』24巻、1004〜1005頁）

9　瞋心不受悔戒

自ら瞋り人を教へて瞋らしむれば、瞋の因・瞋の縁・瞋の法・瞋の業あり。而て菩薩は、応に一切の衆生の中に善根・無諍の事を生ぜしめ、常に悲心を生ずべし。而るに反て更に一切の衆生の中に於て、乃至、非衆生の中に於て、悪口を以て罵り辱め加へて手を以て打ち、及び刀杖を以てす。意は猶ほ息まず。前の人の悔みを求め善言して懺謝するに、猶ほ瞋りて解かざれば、是れ菩薩の波羅夷罪なり

（『大正蔵』24巻、1005頁）

10　謗三宝戒

自ら三宝を謗り人を教へて三宝を謗らしむれば、謗の因・謗の縁・謗の法・謗の業あり。而て菩薩は、外道及び悪人の一言を以て仏を謗る音声を見れば、三百の鉾の心を刺すが如し。況や口に自ら謗り信心・孝順心を生ぜざらんや。而るに反て更に悪人・邪見の人を助けて謗らば、是れ菩薩の波羅夷罪なり

（『大正蔵』24巻、1005頁）

　四十八軽戒は、条文をあげると大部になりますので、一部の
コメントを付した条文を省き、戒名のみをあげておきます。

## 四十八軽戒

1　不敬師友戒

2　飲酒戒

3　食肉戒

　故らに肉を食ふ、一切の肉は食ふことを得ざれ。
大慈悲の性の種子を断ち、一切の衆生を見て而て捨
て去る。是の故に一切の菩薩は、一切の衆生の肉を
食ふことを得ざれ。肉を食すれば無量の罪を得。若
し故らに食せば、軽垢罪を犯すなり。

（『大正蔵』24巻、1005頁）

　上座部仏教では、浄肉を食することを禁じてはいませんが、
中国仏教ではすべての食肉を禁じます。その根拠の一つがこの
戒と言えましょう。

4　四食五辛戒

5　不教悔罪戒

6　不供給請法戒

7　懈怠不聴法戒
<small>け たい ふ ちょうほうかい</small>

8　背大向小戒
<small>はいだいこうしょうかい</small>

9　不看病戒
<small>ふ かんびょうかい</small>

10　畜殺具戒
<small>ちくせつ ぐ かい</small>

11　国使戒
<small>こく し かい</small>

12　販売戒
<small>ほんばいかい</small>

13　謗毀戒
<small>ほう き かい</small>

14　放火焼戒
<small>ほう か しょうかい</small>

15　僻教戒
<small>へききょうかい</small>

16　為利倒説戒
<small>い り とうせつかい</small>

17　恃勢乞求戒
<small>じ せいこつ ぐ かい</small>

18　無解作師戒
<small>む げ さ しかい</small>

19　両舌戒
<small>りょうぜつかい</small>

## 20 不行放救戒
<ruby>不<rt>ふ</rt></ruby><ruby>行<rt>ぎょう</rt></ruby><ruby>放<rt>ほう</rt></ruby><ruby>救<rt>く</rt></ruby><ruby>戒<rt>かい</rt></ruby>

慈心を以ての故に放生の業を行ぜよ。一切の男子は是れ我が父なり。一切の女人は是れ我が母なり。我れ生生に之に従はずして生を受けたること無し。故に六道の衆生は皆な是れ我が父母なり。而て殺し而て食せば、即ち我が父母を殺し、亦た我が故き身を殺すなり。一切の地・水は是れ我が先の身なり。一切の火・風は是れ我が本の体なり。故に常に放生を行ぜよ。生生に生を受くるは常住の法なり。人を教へて放生せしめよ。若し世の人の畜生を殺すことを見ん時は、応に方便して救護し其の苦難を解くべし。常に教化し菩薩戒を講説して衆生を救度せよ。若し父母・兄弟の死亡の日には、応に法師を請じて菩薩戒経を講じ福にて亡者を資け、諸仏を見ることを得て人・天上に生ぜしむべし。若し爾らずば、軽垢罪を犯すなり。

（『大正蔵』24巻、1006頁）

天台大師がこの第二十戒によって放生を行って以来、日本仏教でも現在に至るまで各地で「放生会」が行われています。また、命日の追善読経の根拠の一つと思われる戒でもあります。

## 21 瞋打報仇戒

## 22 憍慢不請法戒

## 23 憍慢僻説戒

　仏の滅度の後、心の好き心にて菩薩戒を受けんと欲せん時、仏・菩薩の形像の前に於て自ら誓ひて戒を受けよ。当に七日、仏前にて懺悔し、好相を見ることを得て便ち戒を得べし。若し好相を得ざれば。応に二七・三七、乃至一年に要ず好相を得べし。好相を得已りて、便ち仏・菩薩の形像の前にて受戒することを得よ。若し好相を得ざれば、仏像の前にて受戒すと雖も、戒を得ず。若し現前の先に菩薩戒を受けし法師の前にて受戒せん時は、要ずしも好相を見ることを須ひず。何を以ての故に。是の法師は師師相授せるを以ての故に、好相を須ず。是を以て法師の前にして受戒せば即ち得戒す。重き心を生ぜるを以ての故に便ち得戒す。若し千里の内に能授の戒師無くば、仏・菩薩の形像の前にて受戒を得よ。而も要ず好相を見よ。若し法師、自ら経・律を解して大乗の戒を学ぶんに倚らば、国王・太子・百官のために、以て善友と為す。而るに新学の菩薩の来りて問はんに、若しは経義・律義を軽心・悪心・慢心にて一一に好く問ひに答へずば、軽垢罪を犯すなり。

（『大正蔵』24巻、1006頁）

　大乗戒の「自誓受戒」などの受戒方法の根拠の一つがこの戒です。

24 不習学仏戒
<small>ふしゅうがくぶっかい</small>

25 不善知衆戒
<small>ふぜんじしゅかい</small>

26 独受利養戒
<small>どくじゅりようかい</small>

27 受別請戒
<small>じゅべっしょうかい</small>

28 別請僧戒
<small>べっしょうそうかい</small>

29 邪命自活戒
<small>じゃみょうじかつかい</small>

30 不敬好時戒
<small>ふきょうこうじかい</small>

31 不行救贖戒
<small>ふぎょうくぞくかい</small>

32 損害衆生戒
<small>そんがいしゅじょうかい</small>

33 邪業覚観戒
<small>じゃごうかくかんかい</small>

34 暫念小乗戒
<small>ざんねんしょうじょうかい</small>

35 不発願戒
<small>ふほつがんかい</small>

36 不発誓戒
<small>ふほつせいかい</small>

37 冒難遊行戒
もうなん ゆ ぎょうかい

38 乖尊卑次序戒
け そんぴ じ じょかい

39 不修福慧戒
ふ しゅふく え かい

40 揀択受戒戒
かんじゃくじゅかいかい

　人に与へて戒を受けしむる時、一切の国王・王子・大臣・百官・比丘・比丘尼・信男・信女・婬男・婬女・十八梵天・六欲天子・無根・二根・黄門・奴婢・一切の鬼神を簡択することを得ずして尽く受戒を得さしめよ。応に教へて身に著くる所の袈裟は、皆な壊色にして道と相応せしむべし。皆な染めて、青・黄・赤・黒・紫色の一切の染衣、乃至、臥具は尽く壊色を以てせしめよ。身に著くる所の衣の一切は色を染めよ。若し一切の国土の中の国人の著くる所の衣服あらば、比丘と皆な応に其の俗服と異なること有らしむべし。若し受戒を欲せん時は、師は応に問ふて言ふべし。「汝は現身に七逆罪を作さざるや」と。菩薩の法師は、七逆の人の現身に受戒を与ふることを得ざれ。七逆とは、出仏身血・殺父・殺母・殺和上・殺阿闍梨・破羯磨転法輪僧・殺聖人なり。若し七遮を具せば、即ち現身に戒を得ず。余の一切の人は尽く受戒を得。<u>出家の人の法は、国王に向かひて礼拝せず、父母に向かひて礼拝せず、六親を敬</u>

はず、鬼神を礼せず。但だ師の語を解して、百里・
千里より来たる求法の者有るに、而て菩薩の法師は、
悪心を以て、而も即に一切の衆生に戒を与へ授け
ざれば、軽垢罪を犯すなり

（『大正蔵』24巻、1008頁）

　　先に記しましたが、親鸞聖人が『教行信証』「化身土文類」
にご引用の箇所は、「務」と「敬」の一字違いがありますが、
この戒の傍線部分です。

41　為利作師戒

42　為悪人説戒

43　無慙受施戒

44　不供養経典戒

45　不化衆生戒

46　説法不如法戒

47　非法制限戒

48　破法戒

　以上、「三聚浄戒」を基本とする大乗戒の『梵網経』の「十重戒」と「四十八軽戒」とは、合わせて「五十八戒」となります。「浄戒」について、親鸞聖人は『唯信鈔文意』に次のように仰せです。深く味わいたいものです。

　　「浄戒」は大小乗のもろもろの戒行、五戒、八戒、十善戒、小乗の具足衆戒、三千の威儀、六万の斎行、『梵網』の五十八戒、大乗一心金剛法戒、三聚浄戒、大乗の具足戒等、すべて道俗の戒品、これらをたもつを「持」といふ。かやうのさまざまの戒品をたもてるいみじきひとびとも、他力真実の信心をえてのちに真実報土には往生をとぐるなり。みづからの、おのおのの戒善、おのおのの自力の信、自力の善にては実報土には生れずとなり。

　　　　　　　　　　　　　　　（『註釈版聖典』706頁）

付　録

## 1. 火宅三車の喩（『大正蔵』9巻、12頁）

　釈尊は、下記の譬喩をあげて、長者が釈尊であり、諸子が衆生であって、三車（羊車・鹿車・牛車）は三乗（声聞乗・縁覚乗・菩薩乗）であり、大白牛車は一仏乗であることを明かされます。

　舎利弗よ。若し国邑聚落に大長者有らん。其の年は、衰邁して財富は無量なり。多く田宅及び諸の僮僕有り。其の家は広大にして、唯だ一つの門のみ有り。多くの諸の人衆は、一百、二百、乃至五百人にして其の中に止住せり。堂閣は朽ち故きに牆壁は隕れ落ち、柱根は腐れ敗れ梁棟は傾き危し。周匝して、倶時に歘然と火起りて舎宅を焚焼す。

　長者の諸の子は、若しは十、二十、或ひは三十に至るに此の宅の中に在り。長者は是の大火の四面より起ることを見て、即ち大いに驚怖す。而て是の念を作す。「我は能く此の焼ける所の門より安隠に出ずることを得たりと雖も、而るに諸子らは、火宅の内に於て嬉戯に楽著して、覚へず知らず驚かず怖れず。火の来りて身に逼り苦痛は己に切まるに、心は厭患せずして出づるを求むる意無し」と。

　舎利弗よ。是の長者は是の思惟を作す。「我が身と手に力有り。当に衣裓を以て、若しくは机案を以て、舎より之を出すべし」と。復た更に思惟す。「是の舎は唯だ一つの門のみ有り。而も復た狭く小さきなり。諸の子は幼稚にして未だ識る所有らざる。戯処に恋著し、或ひは当に堕落し火の為に焼かるべし。我は当に為に怖畏の事を説くべし。此の舎は已に焼けり、宜しく時に

疾く出で、火の為の焼け害せられしむこと無し」と。是の念を
作し已りて、思惟する所の如く。具さに諸の子に告ぐ。「汝等、
速かに出よ」と。父は憐愍して善き言にて誘ひ喩すと雖も。而
も諸の子等は、嬉戯に楽著して肯て信受せず。驚ず畏ずして了
に出る心無し。亦復た何者か是れ火、何者か舍と為すか、云何
が失ふことと為すかを知らず。但だ東西に走り戯れて父を視、
而て已ぬ。

　爾の時、長者即ち是の念を作す。「此の舍は已に大火の焼か
る所と為す。我れ及び諸の子は、若し時に出ずば、必ず焚かる
所と為す。我れ今、当に方便を設けて、諸の子等をして斯の害
を免るることを得させしむべし」と。父は諸の子の先の心に
各の好む所有して、種種なる珍玩の奇異の物に情の必ず楽著
するを知り、而て之を告げて言く、「汝等の玩好すべき所は希
有にして得難し。汝、若し取らざれば後に必ず憂悔せん。此の
如き種種の羊車・鹿車・牛車は、今、門の外に在り。以て遊戯
すべし。汝等、此の火宅より宜しく速かに出で来るべし。汝に
随ひて欲する所は皆な当に汝に与ふべし」と。爾の時、諸の子
は父の説く所を聞き、珍玩の物の其の願ひに適ふが故に、心は
各の勇鋭して互ひに相ひ推し排し、競ひて共に馳走して争ひ火
宅を出づ。是の時に長者は、諸の子等の安隠にて出ることを得て、
皆な四衢道の中の露地に於て而も坐し、復た障礙無きを見て、
其の心は泰然として歓喜し踊躍せり。時に諸の子等は、各の父
に白して言く、「父の先に許す所の玩好の具、羊車・鹿車・牛
車を願はくは時に賜与したまへ」と。

　舍利弗よ。爾の時、長者は各の諸の子等に一の大きな車を賜ふ。
其の車は高く広く衆宝で荘校せり。周匝の欄楯は四面に鈴

を懸け、又た其の上に於て幰蓋を張り設け、亦た珍奇なる雑宝を以て而て之を厳飾せり。宝縄は絞絡して諸の華纓を垂らし、綩綖を重ね敷き丹き枕を安置し。駕するに白き牛を以てす。膚の色は充潔し形体は姝好にして、大きなる筋力有り。行く歩みは平正にして、其の疾きこと風の如し。又た多くの僕従に而て之を侍衞す。所以は何ん。是れ大長者なり。財富は無量なり。種種の諸の蔵は悉く皆な充ち溢れたり。而て是の念を作す、「我が財物は極無し。応に下劣の小車を以て諸の子等に与ふべからず。今、此の幼き童は皆な是れ吾が子なり。愛するに偏党無し。我れに是の如き七宝の大きなる車有り。其の数は無量なり。応当に等しき心にて各各に之を与ふべし。宜しく差別せず。所以は何ん。我が此の物を以て周く一国に給ふとも、猶尚匱しからず。何に況んや諸の子をや」と。

2. 長者窮子の喩（『大正蔵』9巻、16〜17頁）

須菩提・迦旃延・迦葉・目連の四大弟子が、下記の喩をあげて、長者が釈尊であり、窮子が仏弟子であり、小乗にこだわっていた仏弟子を釈尊が大乗に導いてくださったことを明かして、釈尊を讃仰します。

譬へば、若し人有りて年は既に幼稚にして、父を捨て逃げ逝き久しく他国に住して、或ひは十、二十して五十歳に至る。年は既に長大にして加へて復た窮困し、四方に馳せ騁り以て衣食を求めば、漸漸に遊行し遇ま本国に向ふ。其の父は先より来、子を求めて得ざる中、一つの城に止まれり。其の家は大

きなる富にて財宝は無量なり。金・銀・琉璃・珊瑚・虎珀・頗
梨珠等、其の諸の倉庫は悉く皆な盈ち溢れたり。多く僮僕・臣
佐・吏民有りて、象・馬・車乗・牛・羊は無数なり。出入に息
利すること乃ち他国に遍く、商估、賈客も亦た甚た衆多なり。

　時に貧窮の子は、諸の聚落に遊びて国・邑を経歴し、遂に其
の父の止むる所の城に到る。父は毎に子を念ふ。子と離別して
五十余年なり。而も未だ曾て人に向ひて此の如き事を説かず。
但だ自ら思惟して心に悔恨を懐くのみ。自ら念ふ、「老朽して
多く財物有り。金・銀・珍宝は倉庫に盈ち溢れたり。子息有る
こと無く、一旦に終没せば財物は散失す。委付する所無し」と。
是れを以て慇懃に毎に其の子を憶ふ。復た是の念を作す、「我
若し子を得て財物を委付せば、坦然に快楽して復た憂慮無し」と。

　世尊、爾の時、窮子は、傭われ賃われ、展転して遇ま父の
舎住に立つ門の側に到る。遙かに其の父を見れば、師子の床に
踞して宝の机にて足を承けり。諸の婆羅門・刹利・居士は皆な
恭敬して囲繞せり。真珠の瓔珞の価直の千万なるを以て其の
身を荘厳せり。吏民・僮僕は手に白払を執り左右に侍り立つ。
覆ふに宝帳を以てし、諸の華幡を垂るる。香水を地に灑ぎ、衆
くの名華を散ず。宝物を羅列し出し内れ取り与ふ。是の如き等
の種種厳飾有りて威徳は特に尊く、窮子の父を見るに大きなる
力勢有り。即ち恐怖を懐き、此に来り至ることを悔み、竊かに
是の念を作す。「此は或ひは是れ王なり。或ひは是れ王と等し。
我の傭力にて物を得るの処に非ず。貧しき里に往至して肆力の
地有りて衣食を得易きに如かず。若し久しく此に住せば、或ひ
は逼迫して強く我をして作さしめんことを見ん」と。是の念を
作し已りて、疾く走り而て去る。

　時に富める長者は、師子の座に於て子を見て便ち識りぬ。心は大きに歓喜して、即ち是の念を作す、「我が財物・庫蔵は、今、付する所有り。我れ常に此の子を思念すれども、之を見るに由無し。而るに忽ち自ら来たる。甚だ我が願に適ふ。我れは年の朽ちたりと雖も猶ほ故らに貪惜す」と。即ち傍らの人を遣はして急ぎ追ひて将き還らしめんとす。爾の時、使者は疾く走り往きて捉ふ。窮子は驚愕し「怨むなり」と称して大に喚べり。「我は相ひ犯さず何の為に見て捉ふるや」と。使者は之を執へて愈よ急ぎ、強ひて牽き、将きて還へらんとす。時に窮子は自ら念ふ、「罪無く而て囚執へらるるは此れ必ず定めて死せん」と。転た更に惶怖れ悶絶し地に躄る。父は遙かに見て而て使に語りて言く、「此の人を須ひず。強く将き来たること勿れ。冷水を以て面に灑ぎ醒悟を得せしめよ。復た与に語ること莫れ」と。所以は何ん。父は其の子志意の下劣なることを知りて、自ら豪貴なる為に子の難かる所を知る。審かに是れ子と知りて、而も方便を以て他人に「是れ我子なり」と云ふことを語らず。使者は之に語る、「我は今、汝の意に随ひ趣く所に放つ」と。窮子は歓喜して未曾有なることを得て。地より而て起ち往きて貧しき里に至り以て衣食を求むなり。

　爾の時、長者は、将に其の子を誘引せんと欲して、而も方便を設く。密かに二人の形色の憔悴せる威徳無き者を遣はす。「汝、彼に詣りて徐に窮子に語るべし。『此に作く処有り、倍して汝に直を与へん』と。窮子の若し許さば、将ひ来りて作かしめよ。若し何か作く所を欲すと言はば、便ち之を語るべし、「汝を雇ふは糞を除かしめんがためにて、我等二人は亦た汝と共に作かん」と。時に二りの使人は即ち窮子を求め、既

已に之を得て具に上の事を陳ぶ。

　爾の時、窮子は先づ其の価を取り尋で与に糞を除く。其の父は子を見て愍み而て之を怪しむ。又た他日を以て窓牖の中に於て遙かに子の身を見るに、羸痩憔悴して糞・土・塵・坌にて汚穢不浄なり。即ち瓔珞・細軟の上服・厳飾の具を脱ぎて、更に麁弊垢膩の衣を著て、塵土坌の身にて右手に除糞の器を執り持ちて、畏るる所有ることを状どり、諸の作く人に語る、「汝等は勤めて作き懈息することを得ること勿れ」と。方便を以ての故に其の子に近づくことを得たり。後に復た告げて言く、「咄、男子よ、汝は常に此にて作せ。復た余に去ること勿れ。当に汝に価を加ふべし。諸の須ふる所の瓮・器・米・麺・塩・醋の属有り、自ら疑ひ難ること莫かれ。亦た老弊の使人有り、須ふれば相ひ給ふなり。好く自ら意を安んぜよ。我は汝の父の如し、復た憂慮すること勿れ。所以は何ん。我は年老ふること大になり、而るに汝は少壮なり。汝は常に作く時に、欺き、怠け、瞋り、恨怨の言の有ること無し。都て、汝には、此の諸の悪の有ること、余の作く人の如くには見ざるなり。今より已後は生るる子の如くす」と。即時に、長者は更に与に字を作り之を名けて児と為す。爾の時、窮子は、此の遇ふことを欣ぶと雖も、猶ほ故ら自ら「客作の賤人」と謂へり。是の故に由りて、二十年の中に於て、常に除糞せしむ。是を過ぎて已後は、心は相ひ体信して入出に難り無し。然るに其の止むる所は、猶ほ本の処に在り。

　世尊、爾の時、長者に疾ひ有り。自ら将に死すること久しからずと知りて、窮子に語りて言く、「我は今、多くの金・銀・珍宝有りて倉庫に盈ち溢れたり。其の中の多少を応に取り与ふ

べき所を、汝は悉く之を知れり。我が心は是の如し。当に此の意を体すべし。所以は何ん。今、我と汝は便ち不異と為す。宜しく用心を加へて漏れ失はしむること無し」と。

爾の時、窮子は、即ち教勅を受けて衆ての物、金・銀・珍宝、及び諸の庫蔵を領知す。而るに一飡をも悕ひ取る意無し。然も其の止むる所は、故き本処に在り。下劣の心は亦た未だ捨つること能わず。復た少しく時を経て、父は子の意の漸く已に通ひ、泰らかにして大志を成就して、自ら先の心を鄙しむと知り、終らんと欲する時に臨み、而て其の子に命じ、并びて親族・国王・大臣・刹利・居士を会めん。皆な悉く已に集りて、即ち自ら宣言す、「諸君は当に知るべし。此れは是れ我が子なり。我の生む所なり。某の城の中に於て、吾を捨て逃走す。伶俜ひ辛苦すること五十余年なり。其の本の字は某。我が名は某甲。昔、本の城に在りて憂ひを懐ひて推し覓めき。忽ち此の間に於て遇ま会ふて之を得たり。此れは実に我が子なり。我れは実に其の父なり。今、我が所有の一切の財物は、皆な是れ子に有り。先に出し内れする所は、是れ子の知る所なり」と。

世尊。是の時、窮子は父の此の言を聞きて、即ち大ひに歓喜し、未曾有なることを得て、而て是の念を作す、「我は本、心に希ひ求むる所有ること無し。今、此の宝蔵は自然にて、而て至れり」と。

# おわりに

　本書の執筆にあたって参考にさせていただいた書籍を下記させていただき、編纂・執筆くださった先生方に感謝の意を表します。

1. 龍谷大学『仏教大辞彙』　　　　　　　　　1914〜1922年、冨山房
2. 『国訳一切経　法華部』（全）　　　　　　1928年、大東出版社
3. 『国訳一切経　華厳部』（一・二・三・四）
　　　　　　　　　　　　　　　　　　　　　1929〜1932年、大東出版社
4. 『国訳一切経　涅槃部』（一・二）
　　　　　　　　　　　　　　　　　　　　　1929〜1935年、大東出版社
5. 『国訳一切経　律部』（十二）　　　　　　1930年、大東出版社
6. 小野玄妙・丸山孝雄『仏書解説大辞典』
　　　　　　　　　　　　　　　　　　　　　1933〜1978年、大東出版社
7. 福田堯頴『天台学概論』　　　　　　　　　1954年、中山書房仏書林
8. 坂本幸男・岩本裕訳注『法華経』（上・中・下）
　　　　　　　　　　　　　　　　　　　　　1962〜1967年、岩波書店
9. 水野弘元『新・仏典解題事典』　　　　　　1966年、春秋社
10. 河村孝照『天台学辞典』　　　　　　　　　1990年、国書刊行会
11. 高崎直道『和訳　涅槃経』　　　　　　　　1993年、東京美術
12. 鎌田茂雄『和訳　華厳経』　　　　　　　　1995年、東京美術
13. 村中祐生纂輯『天台宗教聖典　Ⅰ　所依経論集』
　　　　　　　　　　　　　　　　　　　　　1996年、山喜房佛書林
14. 勝崎裕彦・小峰弥彦・下田正弘・渡辺章悟『大乗経典解説事典』
　　　　　　　　　　　　　　　　　　　　　1997年、北辰堂
15. 渡辺照宏『法華経物語』　　　　　　　　　2014年、岩波書店
16. 玉城康四郎『スタディーズ華厳』　　　　　2018年、春秋社

**著者紹介**

北塔　光昇（きたづか　みつのり）

1949年　北海道に生まれる。

1974年　龍谷大学大学院文学研究科修了

浄土真宗本願寺派　第16代中央仏教学院長

浄土真宗本願寺派　勧学

**著書**

『天台菩薩戒義疏講読』上・下

『優婆塞戒経の研究』

『仏説無量寿仏観経講讃』

『真宗からの倶舎・法相読本』

『『大無量寿経』読本1』（以上、永田文昌堂）

『聖典セミナー三帖和讃Ⅱ　高僧和讃』

『行事法話集　人生の折々に』共著

（以上、本願寺出版社）

真宗からの 華厳・天台読本 1　経典編

令和6年6月20日　第1刷発行

著　者　北　塔　光　昇

発行者　永　田　唯　人

印刷所　㈱ 図書印刷 同　朋　舎

製本所　㈱ 吉　田　三　誠　堂

発行所　永　田　文　昌　堂

〒600-8342　京都市下京区花屋町通西洞院西入

電話（075）371-6651　FAX（075）351-9031

ISBN978-4-8162-6266-1　C3015